Freiheit durch Naturbeherrschung? Horkheimers Vision einer Gesellschaftsordnung durch rationale Herrschaft

Rukiye Tekin

Bibliografische Information der Deutschen Nationalbibliothek:

Die Deutsche Nationalbibliothek verzeichnet diese Publikation in der Deutschen Nationalbibliografie; detaillierte bibliografische Daten sind im Internet über http://dnb.d-nb.de abrufbar.

ISBN: 9783346577870
Dieses Buch ist auch als E-Book erhältlich.

© GRIN Publishing GmbH
Nymphenburger Straße 86
80636 München

Druck und Bindung: Books on Demand GmbH, Norderstedt Germany
Gedruckt auf säurefreiem Papier aus verantwortungsvollen Quellen

Das vorliegende Werk wurde sorgfältig erarbeitet. Dennoch übernehmen Autoren und Verlag für die Richtigkeit von Angaben, Hinweisen, Links und Ratschlägen sowie eventuelle Druckfehler keine Haftung.

Das Buch bei GRIN: https://www.grin.com/document/1167647

J. W. Goethe-Universität Frankfurt am Main
Fachbereich 03: Gesellschaftswissenschaften

schriftliche Hausarbeit

Max Horkheimers Entwurf einer Kritischen Theorie

vorgelegt von:
Rukiye Tekin
Studiengang: MA Soziologie
Fachsemester: 2

1. Einleitung

Die vorliegende Arbeit beschäftigt sich mit der Stellungnahme der Autoren Adorno und Horkheimer zum Verhältnis von Freiheit und Naturbeherrschung. Dazu wird sich die Arbeit insbesondere auf den Primärtext ihres Werks „Dialektik der Aufklärung" und den von Horkheimer geprägten instrumentellen Vernunftbegriff beziehen. Zunächst wird die Kritische Theorie skizziert, indem das Verhältnis Aufklärung und Mythos untersucht wird. Anschließend wird auf dieser Ebene Horkheimers Vernunft-Ideal als die naiv-humane Vision einer Gesellschaftsordnung, die nun vollständig berechenbar geworden ist, beleuchtet. Der Begriff der Vernunft gibt in der kritischen Theorie vor, die Welt so einzurichten, dass sie den Grundsätzen der Vernunft entspricht, soweit die geschichtlichen Bedingungen das zulassen. Hierbei wird die Natur zu diesem Ziele handhabbar gemacht. Subjektive und Objektive Vernunft sei durch die gemeinsame Planung und Kontrolle des gesellschaftlichen Lebensprozesses zu erreichen. Vernunft wird in diesem Kontext als ein menschliches Vermögen angesehen, das die Überprüfung traditioneller Normen ermöglicht, während die Natur als feindliche Macht in den Blick des Subjekts gerät. Die Rolle der Vernunft bei der Beherrschung der Natur und der Menschen ist zum einzigen Kriterium gemacht worden. Das willensstarke Subjekt, das in der Zukunft etwas erreichen will, muss in der Lage sein, Mittel und Zwecke zu koordinieren, indem sie eine feste zeitliche Ordnung beachtet. Nach Horkheimer und Adorno lässt sich durch die rationale Beherrschung der Natur die gerechte Verteilung gesellschaftlicher Macht und individueller Freiheit sichern.[1] Darüber hinaus werden die Kosten der instrumentellen Vernunft gegenüber dem einzelnen Subjekt und der Gesellschaft herangeführt.

Im Zentrum dieser Arbeit steht die Frage, ob Freiheit durch Naturbeherrschung zu ermöglichen sei. Horkheimer postuliert, dass, wenn der herrschaftsbesessene Freiheitswunsch, den die Kritische Theorie pflegt, verwirklicht sein wird, werden sowohl natürliche als auch gesellschaftliche Phänomene vorhersagbar sein. Adorno und Horkheimer analysieren in der Dialektik der Aufklärung den Herrschaftsbegriff als einen Teil des Naturbegriffs und kritisieren zunächst den Umgang mit der fortschreitenden Technik, die die Naturbeherrschung in die Wege leitet und die nun als Befestigung von sozialer Herrschaft auf die Gesellschaft zurückschlugen.[2] Naturbeherrschung bedeutet in dem Fall nicht die Transformation oder Aneignung von Natur durch den Menschen, sondern die gesellschaftliche Sicht auf die Natur. Überdies schließt Naturbeherrschung auch Menschenbeherrschung ein. Jeglicher Verlust von

---

[1] vgl. Horkheimer 2007.
[2] vgl. Adorno/Horkheimer 1987.

Selbständigkeit scheint ebenso als bedrohlich für die Selbsterhaltung. Nur zweckgerichtetes Verhalten, was der Selbsterhaltung dient, wird als vernünftig anerkannt. Zweckrationales Handeln und der Wille zur Selbsterhaltung bedingen einander. Das Überleben wird durch Naturbeherrschung gesichert.[3] Nur durch das Verfolgen eigenmächtiger Zwecke, vermag das Individuum gegen feindliche Mächte, die bedrohliche Natur, durchzusetzen. Das Prinzip der Selbsterhaltung soll das Risiko verringern, von Naturgewalten physisch vernichtet zu werden. Um sich gegen die Außenwelt durchsetzen zu können, müsse das Subjekt auch seine Innenwelt der rationalen Kontrolle unterwerfen. Um den Prozess der Herausbildung des rationalen Herrschafts- Ich zu veranschaulichen, bedient sich Horkheimer der Freudschen Psychoanalyse und charakterisiert es als Verinnerlichung.[4]

Abschließend wird die Dialektik der Aufklärung kritisch bewertet. Während die Aufklärung anstrebte gegen Vorurteile und Aberglauben durch autonome Selbstbestimmung vorzugehen, wird diese selbst als mythologischer Ballast abgetan.

2. Max Horkheimers Entwurf einer Kritischen Theorie

Horkheimer schreibt über die kritische Theorie: „Die kritische Theorie der Gesellschaft hat dagegen die Menschen als die Produzenten ihrer gesamten historischen Lebensformen zum Gegenstand. Die Verhältnisse der Wirklichkeit, von denen die Wissenschaft ausgeht, erscheinen ihr nicht als Gegebenheiten, die bloß festzustellen und nach den Gesetzen der Wahrscheinlichkeit vorauszuberechnen wären. Was jeweils gegeben ist, hängt nicht von der Natur ab, sondern auch davon, was der Mensch über sie vermag." (Horkheimer, 1937) Die kritische Theorie stellt sich demzufolge insofern gegen eine traditionelle Theorie, dass sie ihren zu untersuchenden Gegenstand nicht von seiner Geschichte und den ihn umgebenden Verhältnissen trennt. Der Mensch als Teil der Gesellschaft nimmt auf zweierlei Weise Einfluss. Der Mensch nimmt zum einen Einfluss auf die Gesellschaft und ihre Widersprüche, denn im Zentrum kritischer Theorie steht die Gesellschaft selbst. Gesellschaft ist hierbei als ein ambivalentes Konstrukt zu verstehen. Die kritische Theorie nennt dies die Totalität der Gesellschaft. Damit wird ein systematisch-struktureller, einheitlicher Zusammenhang von Gesellschaft bezeichnet, insbesondere einer kapitalistischen Gesellschaft. Die Teilbereiche sind folglich nicht isoliert

---

[3] vgl. Horkheimer 2007.
[4] Horkheimer 2007, 382.

voneinander zu denken. Zum anderen nimmt der Mensch Einfluss auf die Ergebnisse und Prozesse der wissenschaftlichen Forschung. Die Gesellschaft passe sich unreflektiert in den Forschungsprozess ein.[5] Durch die Einbindung der Wissenschaft in die Totalität der Gesellschaft wird die Autonomie der Wissenschaft in eine Totalität der Wissenschaft transformiert.

Der Teilaspekt der Totalität der Gesellschaft betont die Notwendigkeit der interdisziplinären Zusammenarbeit der Fachwissenschaften. Die Interdisziplinarität ist auch in den theoretischen Grundlagen der kritischen Theorie zu erkennen. Die Erkenntniskritik Immanuel Kants, die Geschichtsphilosophie Georg Wilhelm Friedrich Hegels sowie der historische Materialismus und die Kritik der politischen Ökonomie Karl Marx' sind die Ausgangspunkte. Ebenso findet sich hier die Psychoanalyse Sigmund Freuds wieder. Im Zentrum steht die Frage, wie sich die heutigen Lebensbedingungen konstruiert haben und wie sich diese Entwicklung mit ihren widersprüchlichen Präferenzen erklären lässt.[6] Die wissenschaftlichen Untersuchungsgegenstände der kritischen Theorie sind ebenso vielfältig wie ihre inhaltliche Ausprägung. Einen bedeutenden Stellenwert hat die Untersuchung, wie sich der technologische Fortschritt und das Einsetzen der Industrialisierung im Kapitalismus auf die verschiedenen Bereiche in der Gesellschaft auswirken.

Die Auswirkungen des Kapitalismus sind auch in anderen Bereichen zu finden, so führen Adorno und Horkheimer in der Dialektik der Aufklärung den Begriff des universellen „Verblendungszusammenhangs" (Adorno & Horkheimer, 1947) an und verknüpfen damit Kapitalismus, aufklärerische Vernunft und Nationalsozialismus. Die Auswirkungen dieser instrumentellen Vernunft sind nach den beiden Autoren universell und durchziehen alle gesellschaftlichen Lebensbereiche.[7] Doch bevor die Erläuterung des Vernunftbegriffes vorangetrieben wird, folgt eine Übersicht des Hauptwerks der kritischen Theorie: Dialektik der Aufklärung.

---

[5] Gmünder 1985, 25.
[6] Behrens 2002, 22ff.
[7] Behrens 2002, 54.

2.1 Dialektik der Aufklärung

Das von Theodor W. Adorno und Max Horkheimer verfasste Werk ‚Dialektik der Aufklärung' (1947) ist im Zuge des Zweiten Weltkrieges 1944 als eine Ansammlung von Essays entstanden. Hierin ist eine Art Reaktion der Autoren auf die historischen Ereignisse der Entstehungszeit zu lesen. Insbesondere gehen sie der Frage nach, wie der durch Aufklärung entstandene menschliche Fortschritt in der Zivilisation durch das Aufkommen des Faschismus während der Zeit des Nationalsozialismus in Deutschland einen solchen Rückschritt tun konnte. Hierbei wird der Faschismus als eine „neue Art von Barbarei" bezeichnet und als „Zusammenbruch der bürgerlichen Gesellschaft" (Adorno & Horkheimer, 1987) gewertet. Auch resultiere ihrer Meinung nach derselbe aus der Philosophie der Aufklärung, die insbesondere auf dem Herrschaftsprinzip beruht, auf der Beherrschung der Natur durch den Menschen und des Menschen durch denselben.[8] Die Ursachen dieser Entwicklung suchen Adorno und Horkheimer in der Aufklärung in sich selbst und deuten sie als den Übergang der Aufklärung in Mythisches, von dem sie sich eigentlich loszusagen versuchte. Der Begriff der Aufklärung wird in der Dialektik der Aufklärung für den Prozess verwendet, der die Menschheit von den Anfängen zu den modernen, rationalisierten Gesellschaften geführt hat.[9] Das dialektische Verfahren des Aufklärungsprozesses ist einerseits, dass die Aufklärung dem Menschen, durch die vollständige technische Beherrschung der Natur Freiheit gebracht hat. Der Mensch kann sich dadurch von den Zwängen der Natur befreien und für eigene Zwecke nutzen und seine Fähigkeiten erweitern. Andererseits hat sich der Mensch in seiner Freiheit eingeschränkt. Insbesondere in modernen Gesellschaften ist der Mensch einer Vielzahl von Zwängen unterlegen, die von ihm selbst geschaffen worden sind. Zum einen besteht keine Abhängigkeit mehr von dem Glauben an eine übernatürliche Macht, die ihren Ausdruck im Mythos fand. Zum anderen werden durch das Fortschreiten der Technologie dessen subjektive Grenzen erkennbar. Durch den Wissenszuwachs und anwachsender Spezialisierung hat die Welt für das Individuum an Komplexität gewonnen und sie hat eine bedeutende Rolle im alltäglichen Leben des Einzelnen eingenommen. Dabei wird auch die kapitalistische Produktionsweise kritisiert, durch

---

[8] Adorno/Horkheimer 1947, 2ff.
[9] Gebauer/Kneer 1994, 104.

welche der Wegfall der Bedeutung des Einzelnen hervorgerufen wird.[10] Die Kernthese ist, dass Mythos schon Aufklärung ist, „Wie die Mythen schon Aufklärung vollziehen, so verstrickt Aufklärung mit jedem Schritt tiefer sich in Mythologie" (Adorno & Horkheimer, 1987) Damit ist der empirische Gehalt des Begriffs Aufklärung aufgegriffen; die gesamte kulturelle Entwicklung der Menschheit vom Beginn der Mythen bis zur modernen Wissenschaft. Andererseits wird Kritik am Rückfall der Aufklärung in die Mythologie ausgeübt und auf die nie gelingende Emanzipation des Subjekts vom Bann der mythischen Ursprungsmächte. Der Selbstzerstörungsprozess der Aufklärung beginne also bereits in ihrem Ursprung.

Die These „Auf dem Weg von der Mythologie zur Logistik hat Denken das Element der Reflexion auf sich selbst verloren, und die Maschinerie verstümmelt die Menschen heute, selbst wenn sie sie ernährt" (Adorno & Horkheimer, 1987) impliziert die bedeutendsten Elemente der Dialektik der Aufklärung; den Zeitbezug zur Gegenwart, beziehungsweise zum ‚heute' als Ausgangspunkt der Diagnose der Aufklärung, den dialektischen Mechanismus von Selbsterhaltung durch Selbstverstümmelung im aufgeklärten Denken, die philosophisch-historische Deutung der Dialektik als Tiefenstruktur des Zivilisationsprozesses, also die Entwicklung vom mythischen zum wissenschaftlichen Zeitalter und schließlich das auf das Postulat „Eingedenken der Natur im Subjekt" (Adorno & Horkheimer, 1987) hinauslaufende Gebot der Befreiung der Natur von einem selbstzerstörerischen Vernunftbegriff.

Der Text hat jedoch nicht die bloße radikale Kritik des abendländischen Zivilisationsprozesses zum Ziel. Vielmehr wird die Rückbesinnung auf die ursprünglichen Annahmen der Aufklärung, weg von „ihrer Verstrickung in blinde Herrschaft" (Adorno & Horkheimer, 1987) gefordert, denn Adorno und Horkheimer war es nicht möglich, das totale Umschlagen der bürgerlichen Aufklärung in die faschistische Barbarei von einem Vernunft-Standpunkt aus zu erklären.[11]

2.2 Horkheimers Vernunft-Ideal

Im „gegenwärtigen Zusammenbruch der bürgerlichen Zivilisation"[12] zeigt sich für

---

[10] Adorno/Horkheimer 1947, 3ff.
[11] Schmid Noerr 1989, 67ff.
[12] Adorno/Horkheimer 1969, 1.

Adorno und Horkheimer nicht nur der endgültige Verlust eines Vertrauens in den emanzipatorischen Gehalt wissenschaftlicher Erkenntnis, sondern auch die Notwendigkeit einer radikalen Kritik der historischen Erscheinungsweise von Vernunft und Aufklärung. Horkheimer orientiert sich an der Grundintention der Kantischen Ethik und will belegen, dass Vernunft sich selbst beschränkt, solange sie nur erklärt und erhält, was sich ihr ohnehin darbietet. In der Gestalt der praktischen Vernunft erscheint der zwanglosen Vereinigung des Individuellen und Allgemeinen. Ohne Zweifel ist Vernunftbegriff der Kritischen Theorie normativ. Er gibt dem Einzelnen eine praktisch-moralische Aufgabe vor, nämlich die Welt so zu gestalten, dass sie den Grundannahmen der Vernunft entspricht.[13] Den Menschen wird die Fähigkeit zugeschrieben, sich auf allgemeingültige Zwecksetzungen zu einigen und die eindimensionale Nützlichkeit traditioneller Theorien zu überwinden, indem sie sich der Vernunft bedienen. Horkheimer bestand darauf, dass sich Vernunft als Vermögen der Zwecksetzung zu bewähren habe. Zur Verwirklichung dieses Programms empfiehlt die Kritische Theorie die rationale Kontrolle in allen Bereichen auszuweiten.[14] Vernunft, die Vermittlung von Subjekt und Objekt, Individuellem und Allgemeinem, soll durch die gemeinsame Planung und Kontrolle des gesellschaftlichen Lebensprozesses erreicht werden.[15]

Die Idee, Vernunft zu verwirklichen, gelangt an eine Grenze. „Der intellektuellen und materiellen Aktivität der Menschen wird immer etwas äußerlich bleiben, nämlich die Natur als Inbegriff der jeweils noch unbeherrschten Faktoren, mit denen die Gesellschaft es zu tun hat." (Horkheimer, 1937) Hier wird erneut deutlich, dass Horkheimer

Vernunft als ein menschliches Vermögen betrachtet. Gleichzeit versucht er dessen konkret-geschichtliche Vermittlungen zu begreifen. „Vernunft" ist offenbar eine Kraft der Subjektivität, die sich auf erfolgreiche Naturbeherrschung stützt, sich selbst immer wieder reflektierend zur Ordnung ruft und universelle Zwecke zu bestimmen weiß. Gerade „so viel Sinn und Vernunft" (Horkheimer, 1987) ist dann in der Welt zu finden, wie „die Menschen in ihr verwirklichen." (ebd.)

---

[13] vgl. Horkheimer 1987, 160.
[14] vgl. Horkheimer 1934.
[15] vgl. Adorno/Horkheimer 1969.

Der Grund, dass aus der Aufklärung der Faschismus entstehen konnte, liegt für Adorno und Horkheimer in einem Moment innerhalb der Vernunft selbst, die sich seit dem Beginn des Vergesellschaftungsprozesses entwickelt. Das Subjekt der Aufklärung wird als der Schauplatz einer Dialektik der Vernunft gesehen. Das Subjekt erhält dadurch die Züge eines herrschenden und gleichzeitig beherrschten. Die Ursache der Dialektik der Aufklärung liege in der Vernunft, einer instrumentellen, herrschaftlichen sowie auf Ausnutzung und Berechenbarkeit fokussierte Vernunft, in der die Aufklärung befangen ist. Die Beherrschung und Unterwerfung der Natur unter menschliche Zwecke schlägt gleichzeitig auf den Menschen selbst zurück und entfremdete sein Verhältnis zu sich. Dies führt zur Selbstbeherrschung der eigenen Natur und das zu seinen Mitmenschen. Die (Selbst-)Beherrschung ist in Form von Gewaltherrschaft und Repression. Was als Fortschritt gedacht wird, ist dann ein stetiger Rückschritt.

3. Utopie gesellschaftlich kontrollierter Naturbeherrschung

Die theoretische Grundlage der folgenden sucht die Verflechtung von Rationalität und gesellschaftlicher Wirklichkeit sowie die von Natur und Naturbeherrschung dem Verständnis näherzubringen. Der hierbei kritisierte Aufklärungsbegriff soll aus ihrer Verstrickung in blinde Herrschaft gelöst werden.

Adorno und Horkheimer konstatieren im Rahmen einer negativen Geschichtsphilosophie einen geschlossenen gesellschaftlichen „Verblendungszusammenhang"[16], der sich durch den gesamten Zivilisationsprozess vollzieht. In ihm schlägt sich Vernunft in Herrschaft um und dies betrifft das Verhältnis des Menschen zur äußeren Umwelt einerseits, sowie zu sich selbst und den Mitmenschen. Die Beherrschung der Natur greift somit von der physischen Ebene auf die psychische und soziale Dimension über, nämlich in dem Maße, in dem das Subjekt sich der Natur unterwirft, muss es auch die Mitmenschen zu kontrollieren versuchen. Gleichzeitig unterliegt der Einzelne dem Zwang, zur Befriedigung seiner individuellen Bedürfnisse und Motivationen.[17] Somit wird die Beherrschung der äußeren und inneren Natur zur primären Lebensaufgabe. Hierbei stellt sich jedoch die Frage nach

---

[16] Adorno/Horkheimer 1969, 65.
[17] Große-Kracht 1991, 15.

den Bedürfnissen. Muss der Mensch eine größere Naturbeherrschung oder eine Unterwerfung der Natur fordern, um seine Bedürfnisse befriedigen zu können?

Die Neuheit besteht in der Einbeziehung der Kapitalismuskritik in eine Vergesellschaftungsgeschichte und –kritik. Diese Wendung von der Zukunft auf die fernste Vergangenheit erklären Adorno und Horkheimer durch Ideen von Nietzsche und Freud. Die Kernthese der Zivilisationskritik ist das Trio von Naturbeherrschung, Selbstbeherrschung und sozialer Herrschaft. Das Subjekt-Natur Verhältnis meint, dass es aufgrund des selbstzerstörerischen Vernunftgebrauchs um die materielle Subjektivität des Menschen in seinen Bedürfnissen gehe. Horkheimer und Adorno zeigen, wie die Unterwerfung alles Natürlichen unter das herrschende Subjekt gerade in der Herrschaft des blind Objektiven, Natürlichen gipfelt. Vernunft ist in dieser materialistischen Perspektive als Substitut einer verlorenen unbewussten Verhaltensregelung zu begreifen, die durch den Instinkt vorangetrieben wird und das Überleben gegenüber einer übermächtigen Natur sicherstellen. Vernunft ist, so kann man sagen, das Notwerk der Naturbeherrschung. Insofern bringt dieser Prozess zwischen Subjekt und Objekt eine „Tendenz zur [Natur]beherrschung" (Horkheimer, 2007).

Von besonderer Bedeutung ist die These, dass sich in der Identität des sich der Natur entgegensetzenden Ich die Naturgeschichte als der Trieb der Selbsterhaltung fortsetzt.[18] Das identische Subjekt ist gleichzeitig die natürliche Selbsterhaltung. Bedürfnisse werden als materielle Anhäufung von Dingen gesehen. Dieser „Warencharakter" (Behrens, 2004) ist es, der die Unmündigkeit der bürgerlichen Subjekte auslöst. In Bezug auf Freuds Psychoanalyse reagiert das Unterbewusstsein darauf. Der gesellschaftliche Druck, der es erzwingt, dass man sich im Interesse der Selbsterhaltung unter eine soziale Nutzbarkeit unterwirft, werden die Triebregungen zur freien Entfaltung sublimiert. Sie werden somit zur Grundlage der menschlichen Kultur.

Die Durchdringung von Aufklärung führen Adorno und Horkheimer anhand der Irrfahrt des homerischen Odysseus durch, der als „Urbild des bürgerlichen Individuums" (Adorno & Horkheimer, 1987) gilt.

---

[18] Schiller, 2006, 8.

Die Befreiung des Subjekts von den Ur-Mächten erfolgt nämlich durch die Aufopferung der lebendigen Substanz des scheinbar autonom gewordenen Subjekts.[19] Gleich Odysseus, der sich den Genuss des Sirenengesangs nur durch die List, seinen Körper an einen Mast anbinden zu lassen, zu verschaffen vermag, muss das Subjekt der Aufklärung die Herrschaft über die äußere Natur durch Unterdrückung der inneren Natur, durch strenge Entsagung bezahlen. Mit dem Selbstgewinn geht der Selbstverlust einher. Gleichzeitig wird mit dem Gewinn an Autonomie ein neuer Zwang errichtet. Die Selbstbeherrschung durch die der zivilisierte Mensch zum Subjekt naturbeherrschender Vernunft wird, befähigt ihn auch zur Herrschaft über die Gefährten. Horkheimer schrieb in der ‚Kritik der instrumentellen Vernunft' (1967): „Naturbeherrschung schließt Menschenbeherrschung ein. Jedes Subjekt hat nicht nur an der Unterjochung der äußeren Natur, der menschlichen und der nichtmenschlichen, teilzunehmen, sondern muss, um das zu leisten, die Natur in sich selbst unterjochen." (Horkheimer, 2007) Selbstbeherrschung, Naturbeherrschung und soziale Herrschaft bilden seit den Anfängen der Zivilisation einen festen Zusammenhang, der unter dem Prinzip der Selbsterhaltung steht.

Freudianisch ausgedrückt richtet sich dieser Zwang nicht gegen das Ich, sondern gegen das Es. Durch die Unterdrückung des Es konstituiert sich das Ich als starre Einheit und verliert die Fähigkeit zur Versöhnung mit der Natur beziehungsweise die Versöhnungshoffnung der Aufklärung: „Die Herrschaft des Menschen über sich selbst, die sein Selbst begründet, ist virtuell allemal die Vernichtung des Subjekts, in dessen Dienst sie geschieht." (Adorno & Horkheimer, 1987) Nach Adorno und Horkheimer ist die Herkunft des Geistes aus der Natur durch den selbstzerstörerischen Vernunftgebrauch im herrschaftlichen Subjekt befangen. Die unterdrückte Natur bricht dennoch immer wieder hervor, desto gewaltsamer, je stärker die Repression ist, die gegen diese ausgeübt wird. Es entsteht eine Reaktionsbildung als Fluchtmechanismus, da das Unterbewusstsein eine Abneigung dagegen hervorbringt. Rationalität schlägt in Irrationalität um. Ausgangspunkt hierfür ist die rohe Gewalt des Mythos, die in ihr steckt, gegen welche das Subjekt der Aufklärung sich ursprünglich konstituiert hat.

Der Mensch ist der Natur fremd und ihr dennoch verhaftet. Das Umschlagen geschieht im Rausch, im Wahnsinn, schließlich in der rational organisierten barbarischen

---

[19] Horkheimer 1967, 109.

Menschenvernichtung. Das Ich versucht seine nicht befriedigten Triebe insbesondere durch den Konsum von Waren zu befriedigen, was nicht lange Zeit vorhält. So beginnt der Befriedigungsversuch von neuem.[20] Diese wechselseitige Beziehung scheint der maßgebende Faktor für das passive Konsumentenverhalten zu sein.

Das bürgerliche Freiheit- und Wohlstandversprechen durch eine Überfülle an Waren zog Konsequenzen mit sich, die auch bereits Zeitgenossen der vorherigen Jahrhunderte nicht entgangen sind. In einer Welt in der Naturbeherrschung als Wert vermittelt wird, kommt es von kleinflächigen zu massenhaften Zerstörungen der Umwelt.

Die Dialektik der Aufklärung stellt insofern einen wichtigen Fortschritt dar, weil ihr die Naturbeherrschung im Zeichen des Zusammenhangs mit Herrschaft und Selbstkontrolle fragwürdig geworden ist. Für den frühen Horkheimer war die Naturbeherrschung noch unproblematisch gewesen und menschliche Freiheit galt als „identisch mit der Beherrschung der Natur in und außer uns durch vernünftigen Entschluss." (Horkheimer, 1988) Technik ist von solcher Naturbeherrschung nicht wegzudenken, fällt dennoch nicht mit dieser zusammen. Die Naturbeherrschung ist nach Horkheimer nicht als der innere Drang des Menschen zu verstehen sondern die Entwicklung, Freiheit und Kultur der Zivilisation ist an die Herrschaft über die Natur gebunden.[21] Die Natur ist hier als ein wildes Chaos, eine feindliche Macht zu verstehen, die in den Blick des Subjekts gerät und als gegenständliches Feld für die Zwecksetzungen der Vernunft fungiert.[22]

Diese sich entfaltende Naturbeherrschung ist auch durch die Herrschaft des Menschen über den Menschen geprägt. Die Beherrschung der Natur ist daher ein gesellschaftliches Verhältnis zur Natur. Das Mehrprodukt, das unter Herrschaftsbedingungen produziert wurde sei für das Subjekt die Entwicklung wirklicher Freiheit, denn nur durch Naturbeherrschung könne sich die Menschheit behaupten und ohne Naturbeherrschung gäbe es keine Freiheit und keine Kultur. Die Dialektik der Aufklärung versteht dies als objektives Problem. Durch die Herrschaft des Kapitals wird es zu einem unlösbaren Problem gesteigert. Die Fortentwicklung dessen greift das für die Naturbeherrschung notwendige Freiheitsmoment und somit die

---

[20] ebd. 114.
[21] Horkheimer 1967, 112.
[22] Hesse 1986, 51.

Grundlage an, auf der die gesamte Menschheitsgeschichte stattfand. Dies bringt Folgen für die beherrschten Subjekte und für die Natur mit sich.[23] Die Emanzipation vom Naturzwang mittels der Technik ist somit in die Geschichte der Freiheit sowie die der Herrschaft eingebaut. Solange die Menschheit, auf Grundlage des Produktionsverhältnisses, durch Herrschaft von Menschen über Menschen bestimmt ist, solange ist und bleibt das Produktionsverhältnis entscheidend für die Naturbeherrschung und damit auch für die Technik.

4. Kritische Würdigung und Fazit:

Dieser Herabwürdigung der Natur entspricht bezeichnenderweise eine Unsicherheit auf der Seite der Subjekte, die für die Idee der Vernunft einstehen sollen.[24] Die Vernunft selbst ist der Gefahr ausgesetzt, in sich zusammenzustürzen, da sie keinerlei Begründung fähig ist. Die „Sehnsucht nach Glück und Freiheit für die Menschheit" (Adorno & Horkheimer, 1987), so Horkheimer, sei nur historisch zu erklären, nicht aber zu rechtfertigen. Sie scheint nicht der Ordnung des Wirklichen anzugehören.[25] Zudem versichert der Gründer der kritischen Theorie, dass das Ziel einer vernünftigen Gesellschaft in jedem Menschen wirklich angelegt sei.[26] Andernorts schreibt er, dass das Subjekt den „Willen zu menschenwürdigem Dasein in sich selbst erfahren oder vielmehr produzieren [müsse]." (Horkheimer, 1937) Die Frage, was zu tun sei, wenn jemand die Idee der Vernunft nicht mitbringt bleibt hier unbeantwortet.

Diese inneren Probleme der Kritischen Theorie treiben sie zu einer Kritik der neuzeitlichen Rationalität. Horkheimer gesteht bereits 1937 in einem Brief an Pollock, dass die Idee der Vernunft zerbrechlich ist. In diesem Brief ist erstmals ein Ton von Resignation zu hören. So schreibt er: „Die unangenehmste Entdeckung zu welcher der Materialismus führt, ist der Umstand, dass die Vernunft nur existiert, insofern sie ein natürliches Subjekt hinter sich hat. Diesem natürlichen Subjekt ist sie anheimgegeben, je nachdem es von ihr Gebrauch machen will. Sie kann ihm auch ohne seine Schuld

---

[23] vgl. Horkheimer 2007, 110.
[24] Hesse 1986, 51f.
[25] Hesse 1986, 51.
[26] Horkheimer 1937, 113.

verloren gehen." (Horkheimer, 1937) Die Ursachen für die Zuspitzung der modernen Gesellschaft verorten Adorno und Horkheimer in einem Prozess der „Selbstzerstörung der Aufklärung" (Adorno & Horkheimer, 1987), deren Ausgangspunkt sie in der „Urgeschichte der Subjektivität" (ebd.) festmachen. Das Prinzip der Naturbeherrschung und der damit verbundene herrschaftliche Gebrauch ‚instrumenteller Vernunft' bilden die Beweggründe in der Entwicklung der Zivilisationsgeschichte. Der selbstzerstörerische Prozess der Herrschaft des Menschen über Mensch und Natur ist während der neuzeitlichen Aufklärung total geworden. Im Dienste von Selbsterhaltung und Machtsteigerung wird die Vernunft pervertiert. Somit verliert der Vernunftbegriff endgültig seinen utopischen und emanzipatorischen Gehalt.[27] Adorno und Horkheimer konstatieren somit einen „gesellschaftlichen Verblendungszusammenhang" (ebd.) , der den gesamten Gesellschaftsprozess bis zur Gegenwart bestimmt, in der jede Spur von herrschaftsfreier und nichtinstrumenteller Vernunft entwichen.[28]

.

---

[27] vgl. Adorno/Horkheimer 1987, 53.
[28] ebd.

5. Literaturverzeichnis

Adorno, T. W., & Horkheimer, M. (1947). Exkurs 1: Odysseus oder Mythos und Aufklärung. In *Dialektik der aufklärung*. Amsterdam.

Adorno, T. W., & Horkheimer, M. (1987). Dialektik der Aufklärung. In T. W. Adorno, & M. Horkheimer, *Max Horkheimer: Gesammelte Schriften. Band 5.* (S. 16ff.). Frankfurt a.m.

Behrens, R. (2002). In *Kritische Theorie*. Hamburg.

Behrens, R. (2004). Kulturindustrie. Bielefeld: transcript.

Gebauer, R., & Kneer, G. (1994). Kritische Theorie und Soziologie. In R. Gebauer, G. Kneer, K. Kraemer, & A. Nassehi, *Soziologie - Zugänge zur Gesellschaft* (Bde. 1, Geschichte, Theorien und Methoden, S. 99-118). Hamburg.

Gmünder, U. (1985). Programm der Sozialdorschung und die Philosophie Horkheimers. In *Kritische Theorie* (S. 16-47). Stuttgart.

Große-Kracht, H.-J. (1991). Das Prinzip des Immergleichen und die Verdopplung der Realität. In *Communicatio Socialis. Zeitschrift für Medienethik und Kommunikation in Kirche und Gesellschaft* (Bd. 24, S. 12-42). Baden-Baden: Nomos.

Horkheimer, M. (1934). Zum Rationalusmusstreit in der gegenwärtigen Philosophie. In *Zeitschrift für Sozialforschung*. Frankfurt a.M.

Horkheimer, M. (1937). Brief an Pollock.

Horkheimer, M. (1937). Traditionelle und kritische Theorie. In *Traditionelle und kritische Theorie: fünf Aufsätze* (S. 205-259). Frankfurt a.M.

Horkheimer, M. (1987). Anfänge der bürgerlichen Geschichtsphilosophie. Frankfurt a.M. : Fischer.

Horkheimer, M. (1988). Die gesellschaftliche Funktion der Philosophie. In *Ausgewählte Essays* (S. 157). Frankfurt a.M.: Suhrkamp.

Horkheimer, M. (2007). Zur Kritik der instrumentellen Vernunft. Frankfurt a.M.

Schiller, H.-E. (2006). Das Individuum im Widerspruch: zur Theoriegeschichte des modernen Individualismus. Berlin.

Schmid Noerr, G. (1989). Unterirdische Geschichte und Gegenwart in der Dialektik der Aufklärung. In H. Kunnemann, *Die Aktualität der Dialektik der Aufklärung. Zwischen Moderne und Postmoderne* (S. 66-87). Frankfurt a.M.

BEI GRIN MACHT SICH IHR WISSEN BEZAHLT

- Wir veröffentlichen Ihre Hausarbeit, Bachelor- und Masterarbeit

- Ihr eigenes eBook und Buch - weltweit in allen wichtigen Shops

- Verdienen Sie an jedem Verkauf

Jetzt bei www.GRIN.com hochladen und kostenlos publizieren